나는 꽃을 먹고 자랐지

나는 꽃을 먹고 자랐지

초판 발행 2025년 9월 20일
지은이 양광모
펴낸이 김선기
펴낸곳 (주)푸른길
출판등록 1996년 4월 12일 제16-1292호
주소 (08377) 서울시 구로구 디지털로 33길 48 대륭포스트타워 7차 1008호
전화 02-523-2907, 6942-9570~2
팩스 02-523-2951
이메일 purungilbook@naver.com
홈페이지 www.purungil.com
ISBN 979-11-7267-060-3 03810

양광모 신작 시집

나는 꽃을 먹고 자랐지

푸른길

시인의 말

속초, 양양, 목포, 순천, 사천, 포항을 거쳐
강릉에 이르렀다.

고맙다, 삶이여. 고맙다, 사랑이여.

고맙다, 죽음이여.

차례

I

가장 밝은 별이
가장 큰 별은 아니다

꽃씨

정말 내 안에서 꽃이 피어날까요

모든 게 궁금하지만
일단 최선을 다할 수밖에요

어쩌면 지구도
한 알의 꽃씨라고 생각해요

그와는 비교할 수도 없을 만큼 작으니
무조건 온 힘을 다할 수밖에요

말씨

말이 씨가 된다는군요

긴 세월,
세상 곳곳에 뿌려놓았는데
어떤 꽃과 나무로 자라났을까요

진달래, 목련, 은행나무, 단풍나무 곁을 지날 때면
어떤 사람이 뿌린 씨앗일까 궁금해지는데
그때마다 슬쩍 씨앗 하나 그 곁에 심어 놓습니다

  ― 설마 사람이 꽃보다 더 아름다우려고!

희망

너는 가끔
돌멩이 밑에서 자란다
누구도 보지 않는 틈에서
숨죽인 채 초록을 만든다

너는 언제나
어둠 속에서 자란다
누구의 도움도 기다리지 않고
마침내 스스로의 손으로 힘차게 땅을 밀어올린다

사막이 알려준 것들

어쩌면 삶은 생각보다 단순한 건지도 모른다는 것을
인간은 조금 더 큰 모래알에 불과하다는 것을
누구나 자신만의 사막을 건너가고 있는 중이라는 것을
사막에는 모래폭풍이 불기 마련이라는 것을
낮과 밤의 기온차가 50도에 달하기도 한다는 것을
별이 가장 밝게 보이는 곳은 암흑 속이라는 것을
낙타는 두 개의 발가락만으로 사막을 건넌다는 것을
때로는 선인장처럼 잎을 버리고 가시를 택해야만 한다는 것을
사막이 아름다운 건 흔적을 모두 지워버리기 때문이라는 것을
그러니 굳이 발자국을 남기려 애쓸 필요 없다는 것을
사막을 건너려는 사람은 오아시스를 믿어야 한다는 것을
어쩌면 사람이 저마다 하나의 샘인지도 모른다는 것을

나는 꽃을 먹고 자랐지

삶이 화난 목소리로 묻는 날이 있다
그렇게까지 할 필요 있느냐고
이렇게까지 고집스레 살아야 하느냐고
온종일 투덜거리는 날이 있다

토닥토닥 그의 등을 두드리며 말해준다
그래도 내가 아까시꽃을 먹으며 자랐다고
이래봬도 내가 진달래꽃을 먹으며 큰 사람이라고
그의 입에 살며시 꽃잎을 넣어주는 날이 있다

해빙기^{解氷期}

이따금 삶에도 찾아온다

눈물과 한숨이
두꺼운 얼음으로 얼어붙어
긴 빙하기를 지난 후
조금씩 조금씩 녹아내린다

몇만, 몇십만 년 만에 찾아와도
지구는 그러려니 하겠으나
백 년의 하루살이가
마냥 기다릴 수 만은 없는 일이기에

나는 저 무표정한 냉동의 언어를
해방기^{解放期}라 고쳐 읽으며
불끈 전의를 다지는 것이다

불끈 주먹을 쥐고
한 조각 한 조각
얼음을 깨부수는 것이다

장칼국수

사람이 너무 순해 빠져도 못쓰는 겨
가끔은 독할 때도 있어야제
안 그라문 얼라덜까지 죄다 우습게 보고
날로 먹을라꼬 한다니께
암만해도 마음이 모질게 돌아서지 않거든
장칼국수 한 그릇 먹어보란 말이여
우리가 백의민족이라지만
고추도 고추장에 찍어 먹는 백성들 아닌가
순둥이도 맘만 먹으면 못할 게 없제

삶이 너무 희멀건 해도 재미가 없는 겨
고추장 확 풀어버린 날도 있어야제
맵큰한 국물 바닥까지 후루룩 들이마시고
바짝 독이 올라
세상의 흉한 것들과 깡으로 부딪쳐보는 겨
까짓것 긴 칼 하나 옆구리에 찼다고 믿어보는 겨
사람이 밀가루 반죽처럼
너무 물렁물렁해도 큰일 난다니께
암만해도 생각처럼 되지 않거든
장칼국수라도 한 그릇 후딱 먹어보란 말이여

2월 2일

오늘은 모든 일을 두 배로 합시다
두 배 더 큰 꿈을 품고
두 배 더 푸른 희망을 노래하고
두 배 더 뜨거운 땀을 흘립시다

오늘은 사람들에게 두 배로 합시다
두 배 더 친절한 미소를 건네고
두 배 더 너그러운 마음으로 용서하고
두 배 더 따뜻한 말로 사랑을 고백합시다

오늘은 무어라도 두 배로 합시다
실없는 농담이라도 두 배로 하고
매일 걷던 길이라도 두 배로 걷고
짜장면이라도 곱빼기로 시켜 먹읍시다

오늘은 삶을 두 배로 살아봅시다
오늘은 두 배로 아름다워봅시다

3월

겨울은 쉽게
물러가지 않는다는 것을

저만큼 봄의 발걸음이 보이더라도
아직은 조금 더 힘을 내야 한다는 것을

꽃은 꽃샘추위의 시샘 속에
피어난다는 것을

사람이라는 꽃 또한
그와 다르지 않으니
운명의 질투를 이겨내야만 한다는 것을

그러나 얼마나 좋으냐고
마침내 그대가 해냈노라고
이제 곧 눈부시게 피어날 일만 남았노라고

4월의 시

4월이 오면
나는 꽃그늘 아래를
신랑처럼 걸어가리
이 세상 가장 아름다운
신부를 얻었다는 기쁨과 자랑에 젖어

꽃의 아내가
하얗게 얼굴을 붉히며
훌쩍 품으로 안겨들 때
기꺼이 사람을 버리고
꽃의 신랑이 되어
닫혀 있던 순수의 꽃몽우리를 활짝 열리

벚꽃의 난분분한 몸짓과
진달래의 산에 숨어사는 뜻과
개나리의 황금빛 꿈을 배우고
재가 될 때까지
제 몸을 까맣게 불사르는
목련의 흰 등燈을
며칠이고 바라보다
꽃 한 송이 피운다는 일이
얼마나 뜨거운 소신공양인지를 깨달으며

4월이 오면
나는 봄의 웃음 많은 제자가 되리

5월의 시

연둣빛 어린 잎들이
초록으로 짙어지는 달
겨울을 지나온 마음도
싱그러운 신록으로 물결친다

나는 세상에 너무 많은 빚을 졌다
5월에는 그 빚을 조금이라도 갚고 싶다
삶이 어찌 손안에 움켜쥐는 일뿐이랴
나는 내가 가진 모든 것을
5월의 잎사귀 같은 사람들과
웃으며 나누리라

아름다움과 따듯함과 찬란함 속에
이제 곧 계절의 여왕도
영원의 뒤뜰로 떠나가겠지

나는 환희와 애수에 가득 차 외친다
언제나 5월을 살리라
내게 남은 모든 시간들을 5월로 살리라

꽃눈을 열다

눈치도 없이 살았지
한세상 어리둥절 멀뚱멀뚱했네

눈치도 못 채고
눈치를 보느라
이 세상 참 어안이 벙벙했지

다시 봄은 돌아오고
꽃들은 앞다퉈 당당히 피어나는데
오래 흐려진 눈을
간절한 기도처럼 두 손으로 비벼볼까
누구 하나 알아차리지 못하게
슬쩍 꽃 속에 들어앉아
이쪽 세상을 바라볼까

화안花顔히, 화안花顔히, 경계를 벗어난 웃음으로,

마지막 눈을 떠볼까
꽃눈을 열어볼까

푸르고 푸르러

푸르고 푸르러
내가 어느 푸른 하늘도
부러움 없이 바라볼 날 있을까

맑고 맑아져
내가 어느 깊은 산의 샘물도
부끄럼 없이 얼굴을 씻을 날 있을까

멀고 먼 길
뜨겁고 뜨겁게
무겁고 무겁게 걸어왔는데
아직도 왜 삶은 가난하고 흐리고 여린가

굵고 굵어져
내가 어느 들녘의 나무도
서슴 없이 두 팔로 안을 수 있을까

붉고 붉어져
내가 어느 저녁의 노을도
한 빛깔로 세상을 함께 물들일 수 있을까

별

어둠이 아냐
절망이 어떻게 희망에게 생명을 주겠니

나를 빛나게 하는 건
내 안에 스스로 타오르는 불이란다

가장 밝은 별이 가장 큰 별은 아니다

가장 밝은 별이 가장 큰 별은 아니다
가장 큰 별이 가장 가까운 별도 아니고
가장 가까운 별이 가장 뜨거운 별도 아니다

꽃잎이 많다고
향기가 더 진한 것도 아니고
날개가 더 크다고
가장 높이 하늘을 나는 것도 아니다

태양보다는 촛불이
인생의 의미를 더 일깨워주는 것

별보다는 꽃을 보며 기도하고
꽃보다는 사람을 보며 기도하자

슬픔이 가장 밝은 별인지도 모른다

슬픔이 가장 빛나는 별인지도 모른다
상처가 가장 향기로운 꽃인지도
눈물이 가장 맑은 샘물인지도 모른다

우주의 끝이 어디인지
시간의 시작이 언제인지
닭과 계란 중에서 무엇이 먼저인지
자신 있게 대답할 수 있는 사람 누구인가

거울 속에서는 좌우가 바뀌고
물구나무를 서면 위아래가 바뀌듯
생각이란 뒤집어 입으면
안과 밖이 바뀌는 양면의 옷에 불과할 뿐

역경이 가장 따뜻한 태양인지도 모른다
절망이 가장 푸른 나무인지도
불운이 가장 신비한 무지개인지도 모른다

진정한 승리

아무도 축하해주지 않는 승리가 있다

오늘을 살아낸 것
누군가의 흉을 보지 않은 것
길가에 핀 꽃향기를 맡은 것
떨어져 있는 휴지를 주운 것
차선을 양보한 것
부모님께 안부 전화를 건 것
침대에 누워 감사 기도를 올린 것
어제를 후회하지 않은 것
내일을 꿈꾸는 것

스스로에게 주는 메달 하나쯤은
서랍 속에 숨겨두어도 좋다

반항을 위하여

삶이 우리를 걸어가게 만들고
죽음이 우리를 멈추게 만든다

그러나 반항하는 자는 깨닫게 되느니

삶이 제자리를 맴돌게 만들고
죽음이 질주하게 만든다

꽃은 손에 쥘 수 있지만
내일이면 시들어버리고
별은 손에 닿지 않지만
영원히 우리의 머리를 별빛으로 적시는 것

손이 닿는 곳까지 사는 사람이 있고
목소리가 닿는 곳까지 사는 사람이 있고
눈길이 닿는 곳까지 사는 사람이 있다

설령 이 세상이 텅 빈 동굴에 불과할지라도
내일의 죽음을 두려워하지 말고
오늘 죽어 있는 삶을 슬퍼하자

삶은 순간의 불꽃에 불과하지만
죽음이 그 불꽃을 활활 타오르게 만드는 것

운명에 반항하는 자는 깨달아야 하느니
찰나가 영원을 만들고
죽음이 삶을 만든다는 것을
인간이 신화의 주인공이라는 것을

불러야 할 노래가 있다는 듯이

이뤄야 할 꿈이 있다는 듯이 살아갑시다
불러야 할 노래가 있다는 듯이
춰야 할 춤이 있다는 듯이
반드시 떠나야 할 여행이
아직은 남아 있다는 듯이 살아갑시다

인생이란 꿈과 같은 것
혹시라도 슬픔 가득한 꿈이거든
그 꿈속에서 또 다른 삶을 꿈꾸며

만나야 할 사람이 있다는 듯이 살아갑시다
지켜야 할 약속이 있다는 듯이
말해야 할 고백이 있다는 듯이
반드시 뜨거운 입맞춤을 나눠야 할 사랑이
언제나 내게 남아 있다는 듯이 살아갑시다

멈춰라, 장미의 계절이여!

아침 노을에 물든
천사의 붉은 젖가슴

인간의 입술을 허락하여
미와 사랑의 젖을 먹여주니
감미롭고 열렬하게 나는 입을 맞춘다
한 송이 장미에게
그 옆의 모든 장미와 장미에게

그리곤 열망과 피안의 향기에 취해
다급한 목소리로 외치고야 마느니
시간이여, 멈춰라
세상은 너무나 아름답구나*

멈춰라, 장미의 계절이여
너는 꺼져버린 영혼에도
신비와 환희의 불길을 옮겨붙이는구나

*괴테『파우스트』중에서

오라

대문을 열고 오라
성큼성큼 병사의 힘찬 걸음으로

창문을 넘어오라
한 마리 작은 새의 자유로운 날갯짓으로

담장 위를 걸어오라
신비한 눈빛을 지닌 고양이와 같이

지붕을 타고 오라
재빠르고 날쌘 도둑과 같이

하늘에서 떨어져 오라
저 먼 우주에서 출발한 별똥별의 꼬리에 올라타고

오라, 미지의 것들아
오라, 삶에 생명을 불어넣는 것들아

늦게 피는 꽃

꽃들이 다 진 후에야
홀로 피어나는 꽃이 있다

겨울에 피어나는 꽃도 있다고
동백에게는 동백의 꿈이 있는 법이라고

꽃들이 앞다퉈 피어날 때도
묵묵히 먼 날을 준비하는 꽃이 있다

저녁을 건너가는 법

건널목 같은 저녁이 온다

기차를 향해 손이라도 흔들어볼까
머뭇거려보지만

부디 속도를 줄이지 말기를
전속력으로 기차가 달려가기를
느릿느릿 별의 걸음으로 지나간다 한들
모래 한 알도 저울에 더 올려놓지는 못할 것이기에…

삶에 비밀은 없는 것
죽음은 더더욱 그러한 것
꿈과 사랑은 언제나 건널목 저편에 서 있지 않았던가

그러나 저기 빨간 신호등 같은 해가 떨어진다

백 년쯤 손을 흔들어보라고
기차를 향해 꽃다발을 던져보라고
사람이 비밀이라고

오늘의 마지막 햇살이 내일의 철로에
덜커덩 내려앉는다

우리에게 남은 시간이 많지 않더라도

우리에게 남은 것이 많지 않더라도
꽃 한 송이 언제나 피어 있고
별 하나 늘 떠 있으니
이들은 누구의 것도 아니지만 모두의 것
우리 어찌 가난하다 말하리오

우리에게 남은 꿈이 많지 않더라도
함께 먼 길을 걸어온 친구가 있고
오래도록 곁에 머물러 준 사랑이 있다면
삶은 이미 완성된 한 편의 아름다운 동화
우리 어찌 이룬 것이 없다고 아쉬워하리오

우리에게 진정 중요한 것은 무엇인가
무엇이 삶을 깊고 풍요롭게 만드는가
세상의 잣대가 아니라
내가 세상을 바라보는 시선
달성한 목표가 아니라
나의 영혼과 그의 영혼이 맞닿은 사람들
영원과 불멸의 가치가 아니라
찰나의 소소하고 시시한 순간들

우리에게 남은 시간이 많지 않더라도

사랑한다는 말 한마디를 건네는 아침과
따뜻하고 은은한 미소를 주고받는 낮과
잠시 멈춘 채 붉은 노을을 바라보는 저녁과
진실한 감사의 기도로 마무리 짓는 밤이 있다면
우리 어찌 삶이 짧고 헛되다 말하리오

Ⅱ

꽃의 마음을 얻네

꽃

꽃이여,
우리 몸 한번 바꿔보지 않겠는가

사람이여,
네가 허공에서 훌쩍 뛰어내릴 수 있겠는가

나는 떠도는 자

어디로 가나
어디든지 가지

낮에는 태양이 떠오르는 곳으로
밤에는 가장 밝은 별을 향해
여름에는 가장 푸른 바다를 향해
겨울에는 눈이 쏟아지는 곳으로

주머니 속에는 몇 푼의 동전,
가방 속에는 단 한 벌의 옷,
그래도 이미 지구를 서른아홉 바퀴 돌았지

부자든 철학자든 농부든 젊은이든
역사든 문명이든 왕궁이든
사랑이든 미움이든
길 위에서는 모두 흙먼지일 뿐이니
가장 높은 음으로 콧노래를 부르며 간다

자유여! 자유여! 자유여!

나는 떠도는 자,
발에 날개가 달린 사람,

새장에서 새를 탈출시키는 사람,

삶과 죽음은 어찌 되는 거냐고
묻지 말게

발길 닿는 곳이 나의 침대요,
만약 머문다면 그곳이 나의 무덤이리

잠 못 이루는 밤의 시

잠 못 이루는 밤은 고결하느니
뒤척이는 것이 아니라 뒤적이는 것이다

엎치락뒤치락 할 때마다
한 페이지씩 넘어가고
반대 방향으로 몸을 돌릴 때마다
한 권의 통독痛讀이 끝나는 것이다

몸이 마음을 읽으려 무진 애를 쓰는 것이다

마음이 생의 비밀을 알아내려
몸을 뒤적뒤적거리는 것이다

인생의 지혜

모든 것은 지나간다
그렇지만 지나간다고 해서
모두 이해되는 건 아니다

사람들은 종종 말한다
"시간이 해결해 주리라"
그러나 시간은 아무 말도 하지 않는다
침묵을 지키며 우리보다 한 발짝
앞에서 걸어갈 뿐

우리는 늘
똑같은 질문을 다른 얼굴들에게 묻고
같은 실수를 다른 방식으로 반복하며
그걸 다르게 살았다고 착각한다
때로는 현명하게 살았다고

사람들이 말하는 지혜는
두꺼운 책,
졸업 증명서,
혹은 금테 안경 사이에 숨어 있다

하지만 인생의 지혜란
"그럴 수도 있지"라는 말 하나로
조용히 넘어갈 줄 아는 것

그리고 다음 날 아침,
미소를 지으며 다시 눈을 뜨는 용기인지도

6월

이제 곧 태양의 계절,
잠시 쉬었다 가라며
나무들이 그늘을 넓게 펼쳐준다

벌써 반을 왔다고
이제 다시 반을 더 가면
영원 속으로 또 한 해가 사라지는데
무얼 그리 서두르며 달려가느냐고
새들이 나뭇잎 사이에서 지혜의 노래를 부른다

푸른 하늘 좀 바라보라고
장미꽃 향기 좀 맡아보라고
반환점, 전환점 같은 단어도 생각해보라고
유월이라는 단어는 또 얼마나 예쁘냐고

영원한 신비가 담긴 녹색의 눈으로
6월이 우리를 바라본다

6월이 오면

당신은 그러셔야 해요
어느 높은 산으로 올라가
깊은 숲의 노래를 들으셔야 해요
바람이 지휘하는 나뭇잎 악단의 연주에
한나절쯤 영혼을 내어주셔야 해요

당신은 그러셔야 해요
어느 넓은 바다를 찾아가
영원한 파도의 춤을 보셔야 해요
그 푸른 몸짓이 무얼 의미하는지 알아내려
한두 날쯤 송두리째 내어주셔야 해요

6월이 다시 우리 곁을 찾아오면
긴팔, 긴바지의 것들은 벗어버리고
반팔, 반바지의 것들로 갈아입고

당신은 꼭 그러셔야 해요
어느 장미꽃 만개한 정원을 거닐며
생명의 향기를 맡아보셔야 해요
가시 같은 건 문제 되지 않노라고
자유와 정열 속에 살아가겠노라고
장미꽃보다 붉게 다짐하셔야 해요

6월에는 푸른 사람을 만나고 싶다

6월에는
생각이 푸른 사람을 만나고 싶다
말과 행동이 신록처럼 싱그러워
저절로 얼굴에 미소가 떠오르는
푸른 사람을 만나고 싶다

6월에는
영혼이 푸른 사람을 만나고 싶다
붉은 미움과 잿빛 욕심은 없는
오직 연둣빛 사랑만 물결치는
푸른 사람을 만나고 싶다

꿈이 푸른 사람
눈빛이 푸른 사람
어깨에 파랑새 한 마리 앉아 있는 사람

6월에는
푸른 사람의 어울리는 벗이 될 수 있는
푸르고 푸른 나를 만나고 싶다

6월의 노래

6월은 휘파람을 불지
필릴리 필릴리
이보게들, 시간이 정말 빠르지 않나

6월은 콧노래를 부르지
라라라 라라라
이보게들, 어제는 잊고 오늘을 살아봐

6월은 녹색의 머리카락을
옆으로 쓸어넘기며 우리를 부르지
이보게들, 여기 그늘에 누워 하늘을 바라봐

6월은 녹색의 목소리로 묻지
웃다가 끝났어, 라는 말
참 가슴 환해지지 않아

6월이 오고 장미가 피어난다

6월이 오고 장미가 피어난다
그래서 나는 그녀에게 이별을 고했지
세상에서 가장 아름다운 꽃은
단 하나뿐이어야 하기에
그녀에게도 가시가 필요할 것이기에
가시가 그녀를 더욱
매혹적인 존재로 만들어줄 것이기에

사람들이 장미에 대해 뭘 알겠는가
더욱이 6월의 장미라면…

그저 함부로 꺾어 손에 들곤
어디론가 숨차게 달려갈 뿐
그것으로 한 사람의 영혼을
영원히 붉게 물들일 수 있다고 믿으며

6월이 가고 장미가 떨어진다
땅에 누워 뜨겁게 입을 맞춘다
대지와의 합일,
일생을 꿈꾸며 기다려온 유일한 사랑!

우리가 사랑에 대해 뭘 알겠는가
삶에 입맞춰본 적도 없는데
그래도 우리는 배울 수 있으리
어떻게 장미가 6월을 살다 떠나가는지

여름

조금만 더 오래 뜨거워보자고
너무 빨리 식지 말자고

사랑이여,
우리가 한 계절만 살다 가자고

길

지금 길을 잃었다면
그 잃어버린 길이 바로 길이다

안개와 어둠, 눈에 뒤덮여
어디로 걸어가야 하는지
도저히 알 수 없을 때

한 치 앞이 안 보여
더듬더듬 손으로 짚으며
한 걸음 한 걸음 나아가야 할 때

잃어버린 길이 바로 길이다
잘못 접어든 길이 바로 길이다
멈추지 않고 앞을 향해 걸어가는 한
반드시 길은 길로 이어지니까

달려야 한다

전속력으로 달려야 한다
어디로? 상관 없다
왜? 상관 없다

오직 앞만 보고 달려야 한다
바로 그때만이
어디로, 왜, 이런 질문들이
더 이상 머릿속에 떠오르지 않을 테니까

죽음은 결승점이 아니라 여정에 있고
삶은 방향이 아니라 속도에 있다
달려라, 생명이여, 허무와 절망을 지나쳐

순간에 영원을 걸고

순간에 영원을 걸고
모래알 같은 꿈에 일생을 걸자
단 한 번의 키스에 심장을 걸고
단 하룻밤의 포옹에 운명을 걸자

세상은 가치 없는 것,
삶은 더더욱 의미 없는 것,
공허와 허무의 무덤 속에서
우리는 어떻게 살아남아야 하는가

찰나에 영혼을 걸고
신기루 같은 꿈에 목숨을 걸자
단 한 번의 질주에 왕궁을 걸고
단 한 순간의 해방에 천국을 걸자

사막에서 별을 보며

사랑이 오아시스라고 믿기로 했다

사막을 건너기 위해
샘물을 마시는 게 아니라

샘물을 마시기 위해
사막을 건너는 거라고

모래 폭풍이 부는 날에도
그곳을 향해 걸어가야 한다고

사랑이 말라버린 곳이 사막이라고 믿기로 했다

사랑한다는 것

누군가의 이름을
기도처럼 부를 수 있다는 것

그 이름이
나의 이름을 부를 때
가슴에 태양이 떠오른다는 것

아침이 기다려진다는 것
예쁜 꽃을 사고 싶어진다는 것
콧노래를 부른다는 것
별에게 말을 건넨다는 것
지구에 태어난 이유를 알게 된다는 것
삶이 비밀을 갖게 된다는 것
한 사람만을 위한 종교와 천국이 생긴다는 것

누군가의 이름이
나의 이름보다 고귀해진다는 것

그 이름을 위해
촛불 앞에서 두 손을 모을 때
귓가에 천사의 노랫소리가 들려온다는 것

사랑

한때 우리는 믿었다

사랑이 우리를
조금 더 나은 사람으로 만들어줄 거라고

그리고 그것은 옳았다

우리는 정말로 더 나은 사람들이 되었으니까
서로가 서로를 영원히 떠나보낼 만큼

돌아보지 않은 사랑이 있다

돌아보면 무너질 것 같아
돌아보지 않은 사랑이 있다
어찌 주는 것만이 사랑이랴
때로는 주지 않는 것이 더 큰 사랑인 것을
울음을 참으며 거둬들이는 사랑이
가장 밝은 별의 사랑인 것을

돌아가면 사라질 것 같아
돌아가지 않은 사랑이 있다
어찌 끝까지 함께하는 것만이 사랑이랴
때로는 멀리서 바라보는 것이 더 깊은 사랑인 것을
눈물을 참으며 홀로 불 밝히는 사랑이
가장 뜨거운 태양의 사랑인 것을

사랑의 변증법

사랑받고 싶은 자,
먼저 자신부터 사랑하기를
스스로를 사랑하지 못하면서
타인으로부터 사랑받으려 애쓰지 말기를

사랑하고 싶은 자,
먼저 자신의 사랑을 돌아보기를
주는 것만으로도 계속될 수 있는 사랑인지
돌려받아야만 가능한 사랑인지 생각해보기를

사랑을 원망하는 자,
사랑이 주고간 것을 기억해보기를
받은 것이 많다면 후회하지 말고
받은 것이 적다면 후회할 가치도 없다는 것을

사랑으로부터 도망치는 자,
사랑을 향해 달려가던 날을 잊지 말기를
설사 심장을 가시로 찌르더라도
그 꽃이 없다면
우리의 삶에 향기가 사라져버린다는 것을

사랑에 대해 끝없이 묻는 자,

지금 질문을 멈추고 키스를 할 것
사랑은 의문문이 아니라 감탄문이고
공기의 언어가 아니라 입술의 언어라는 것을

빛은 어둠과 전쟁을 벌이지 않는다

빛은 어둠과 전쟁을 벌이지 않는다

아침이 오면 어둠이 왕관을 물려주고
저녁이 오면 빛이 왕좌를 내어줄 뿐
겨울은 봄과 싸우지 않고
일요일은 월요일과 다투지 않는다

자연은 말 그대로 자연스러운 것
오직 인간만이 구분과 대결을 자초하느니
강은 냇물을 막지 않고
바다는 강물을 거부하지 않는다

사랑이여, 이별을 적이라 생각하지 말라
삶이여, 죽음에 맞서지 말라
사람아, 세상을 너와 나로 나누지 말라

꽃의 마음을 얻네

꽃그늘 아래 앉아
꽃의 치하를 즐기네

한 잔을 마시면 풍류를 얻고
두 잔을 마시면 천하를 얻고
세 잔을 마시면 꽃의 마음을 얻네

얼마나 깊었는가
고개 들어 하늘을 바라보면
꽃 사이로 내려와 함께 반짝이는 별이여

한 잔을 더 마시고
세상을 모두 용서하네

III

7월에는 능소화 피는 골목으로 가자

돌꽃

삶이란 돌에서 꽃을 피워내는 일이라고

물을 주고
어루만져주고
아침저녁으로 인사를 건네고
새와 별, 하늘에 관한 이야기를 들려주는 일이라고

죽음이란 별에서 별로 환승하는 일이라고

저 별에 가져갈 꽃을 준비하는 일이
이 별에서의 숙제라고
어쩌면 지구라는 운석에서 피어나는 꽃이
사람인지도 모른다고

조금 서툴러도
풋풋하고 싱그럽게 믿어보자고

모든 돌에는 꽃씨가 심어져 있다고

7월이 오면

7월이 오면
사람들에게 안부를 물으리
어디쯤 가고 있냐고
얼마만큼 행복하냐고
아직도 가슴 뛰는 꿈이 남아 있냐고

7월이 오면
사람들에게 안부를 전하리
이제 반쯤 지나온 것 같다고
조금은 인생을 알 것 같다고
아직도 가슴 따뜻하게 만드는 사람 있다고

태양과 바다의 달,
해바라기와 접시꽃의 달,
일 년의 중간에 세워놓은 망루 같은 달,

반을 지나온 소감이 어때?
껄껄껄, 신의 웃음소리 들려오는 달

7월이 오면
망설이며 따지는 영혼에게 말하리
다시 돌아갈 수 없다고

이제 남은 날들이 더 적다고
순간을 불꽃으로, 눈꽃으로 살다가라고

7월에는 능소화 피는 골목으로 가자

7월에는
능소화 피는 골목으로 가자
주황 치마 입은 아씨들
훌쩍 담을 뛰어내리는 곳

7월에는
능소화 지는 골목으로 가자
아직도 얼굴 고운 아씨들
담벼락 밑에 옹기종기 모여앉아
돌아가며 옛사랑을 으스대는 곳

7월에는
능소화 피고 지는 골목으로 가자
사랑은 붉고 이별은 더욱 붉은 곳
생은 뜨겁고 죽음은 더욱 뜨거운 곳
그곳에서 우리 한 송이 열망이 되자

7월이 오면
능소화 골목을 걸어가자
그 끝에 멈춰 서서
한 송이 피 끓는 능소화가 되자

7월

세상은 7로 이뤄져 있어
일주일, 칠음계, 일곱 색깔 무지개, 일곱 난장이,

그렇지만 행운이 일곱 번 이상
찾아올 수 있을까?

삶은 언제나 7월이란다
너의 영혼에 북두칠성이 밝게 떠 있다면

7월의 말씀

7월에는 조금
칠칠하게 살아보라 하네

칠칠하다는 말,
"나무, 풀, 머리털 따위가 잘 자라서 알차고 길다"는 뜻인데
그것도 몰랐느냐고,

야무지고 반듯하게, 단정하고 깨끗하게,

7월에는 조금
칠칠맞게 살아보라 하네

지난 반 년 서툴고 오락가락했거든
7월에는 진정 칠칠맞게 살아보라 하네

너의 영혼 참 칠칠맞다는 말,
너의 삶 참으로 칠칠맞다는 말,
7월에는 꼭 한 번 들어보라 하네

*칠칠맞다: '칠칠하다'를 속되게 이르는 말.
1.야무지고 반듯한 데가 있다.
2.차림새가 단정하고 깨끗한 느낌이 있다.

사막

별만 보고 찾아가야 하는
길이 있다

낙타의 걸음으로
걸어가라

달빛선인장은
일 년에 단 하룻밤만 꽃을 피운다

맹물

이제 나의 땀은
맹물이다

마침내 나의 피도
맹물이다

물처럼 살자
물처럼은 살지 말자
모든 물이 바다로 향할 때에도
나는 높은 곳을 향해 흘러왔느니

무얼 그리 붉게 사모했던가
무얼 그리 푸르게 쓸쓸했던가

이제 나의 눈물은
맹물이다

티끌

사람은 티끌 같은 존재라지만
슬픔과 고통도 티끌이라 생각하면
그리 오래 눈물 흘릴 일이 없네

삶은 티끌 같은 시간이라지만
후회와 미움도 티끌이라 생각하면
그리 깊게 마음에 담아둘 일이 없네

관념으로부터의 해방이여,
티끌의 자유여,
우주의 축복이여,

어찌 신이 한 점 먼지에게 잘잘못을 따지랴
영혼도 티끌이라 생각하면
죽음조차 두려울 일이 없네

어떤 행진

엄마와 딸이 백사장을 걸어간다
서로의 손을 잡고 걸어간다
앞뒤로 흔들며 걸어간다
깔깔 웃으며 걸어간다

칠십 남짓한 엄마와 사십 남짓한 딸이
태초의 무구한 사랑이
파도처럼 밀려오는 기쁨에 젖어
모래밭 위를 행진한다

오, 도대체 이 세상에 뭐가 더 필요한 거지?

내 뒤에 오는 이들이여

아름다운 한 쌍의 젊은 남녀가 아이스크림을 먹으며
길을 걸어간다

아, 저 아이스크림이 녹기 전에 사랑이 끝나서는 안 될 터인
데…

그러나 한여름의 태양은 얼마나 뜨겁게 내리쬐는가
나는 이미 저 길을 걸어왔느니

아, 저 사랑이 모두 타버리기 전에 삶이 끝나서는 안 될 터인
데…

내 뒤에 오는 이들이여,

몸이 묻히기 전에 사랑이 먼저 땅에 묻혀서는 안 될 터인데
…

오늘을 사랑하는 자가

인생이 무언지 알고 싶지 않아
오늘 하루를 살기도 바쁜 걸

천국이 무슨 상관이겠니
이미 우리 곁에 많은 천사들이 있는데

지옥도 두렵지 않아
지구보다 조금 더 뜨겁고 조금 더 우울하겠지

죄와 벌에 대해서는 죽음 후에나 얘기해 보자
오늘은 웃을 시간도 부족한 걸

그래도 꿈은 중요한 법이라고 말하지 마
삶이 긴 꿈인 걸

사랑은 어떠냐고?
지금 내가 하고 있는 게 바로 그거란다

오늘을 사랑하는 자가
왜 얼마 되지 않는 영혼을 내일과 나누겠니

지구를 땅의 천국으로

나는 천국을 구걸하러
지구에 태어나지 않았다
나는 인간의 삶을 살다 가리라

행복과 불행,
희망과 절망 사이를 끝없이 오갈지라도
천국의 문에 들어가는 시험으로
삶을 추락시키지는 않으리

나는 천사가 되기 위해
지구에 태어나지 않았다
나는 날개 없는 삶을 살다 가리라

지구여,
우리가 너를 땅의 천국이라 불러도 되겠는가

인류여,
우리가 지구를 땅의 천국으로 만들어보지 않겠는가

걱정 말아요

번개가 친다고
하늘이 타버리진 않아요

물을 엎질렀다고
바다가 모두 말라버리는 것도 아니고
돌부리에 걸려 넘어졌다고
땅이 꺼지지도 않아요

가시에 찔렸다고
온몸에 피가 빠져나가는 것도 아니고
혀를 깨물었다고
이를 모두 뽑아야 하는 것도 아니죠

단추를 잘못 꿰었다고
벌거숭이 임금님이 될 필요는 없어요

우산을 잊어버렸어도
무지개는 두 눈으로 볼 수 있고
지갑을 잃어버렸다고
영혼마저 함께 잃어버린 건 아니죠

걱정 말아요

천둥이 칠 때
사랑은 서로를 더욱 꼭 안아주기 마련이니까

작은 위로

벽돌 하나가 무너졌다고
세상이 무너지는 것은 아니고
마음이 조금 부서졌다고
당신이 전부 부서지는 것은 아니다

금이 갔다고
유리창이 반드시 깨지는 것은 아니고
먼지 한 점 앉았다고
삶을 전부 바꿔 끼워야 하는 것은 아니다

침목

삶이 덜컹거리는 날이면

12월의 겨울밤,
눈 덮힌 시베리아 평원을 건너
블라디보스토크에서 모스크바까지
지구의 사 분의 일을 달려가는
횡단 열차를 생각해보는 것이다

기차가 궤도를 이탈하지 않도록
만드는 것이 선로라고
선로가 제자리를 지키도록
만드는 것이 침목이라고

고통의 가장 밑바닥에 깔린 채
기차와 선로의 흔들림을 막아내는
바싹 마른 침목 몇 개,
흔들리는 삶에 깔아보는 것이다

침목의 침묵을 배워보는 것이다

꿈

밤이면 나는 나를 잃는다
눈꺼풀 안쪽에 작은 극장이 있어
장르가 불분명한 영화를 상영한다

어디선가 본 듯한 길,
한 번도 만난 적 없는 얼굴,
죽은 자들이 다시 살아나
친근한 척 나를 부른다

꿈은 늘 허술하다
논리와 질서가 미끄러진 자리에서
나는 웃다가 울다가 깨어난다

문득, 그것이 다가올 미래일까 두렵다가도
어차피 잊힐 일이라 생각하며 안심한다
흐릿한 윤곽으로 떠도는
내 마음속 비밀의 잔해들

아침이면 그 모든 꿈은
커피잔 바닥으로 스며든다
그러나 나는 안다
오늘 밤도 그 극장은 불을 켜리라는 걸

하루를 일생처럼 살라

하루를 일생처럼 살라
아침을 봄처럼 살고
낮을 여름처럼 살고
저녁을 가을처럼 살고
밤을 겨울처럼 살라

삶은 찰나의 번개,
한 번 번쩍이곤 사라지는 것

순간을 영겁처럼 살라
일 초를 하루처럼 살고
일 분을 한 달 처럼 살고
한 시간을 일 년처럼 살고
일생을 영원처럼 살라

너의 번개를 하늘에 춤추게 하라

배롱나무

배롱나무 꽃잎들
7월이면 일제히 한 목소리로

메롱 메롱

배롱나무는 백 일을 피고지는데
백 년쯤 함께 피어보자던
사랑의 약속 어찌 됐느냐며

메롱 메롱

손 뻗으면 하늘에 닿을 만큼
푸르고 푸르던 꿈
벌써 회색으로 빛이 바랬느냐며

메롱 메롱

삶이 그런 줄 몰랐느냐며
배롱나무 꽃말은 알고 있느냐고
여름이나마 뜨겁게 살아보라며

붉은 혀를 쑥 내밀고

밥심

거르지 말고 먹어라
흘리지 말고 먹어라
남기지 말고 먹어라

사람은 밥의 마음으로 사는 것

밥이 마음이 된다

따뜻한 김이 모락모락 피어나는
한 공기 든든한 마음이 된다

삶의 허기를 이겨내줄
한 공기 찰진 신념이 된다

꼭꼭 씹어 먹어라
감사하며 먹어라
나눠먹어라

암

그렇고 말고!

이렇게 벼락 치듯 올 줄은 나도 몰랐지
저만큼 멀리서 천천히 걸어오는 줄 알았는데
한걸음에 달려와 손을 내미네
이제 그만 값을 치러야 할 때라고

그렇고 말고!

이루지 못한 꿈이 가장 아프고
지키지 못한 약속이 가장 슬프고
다하지 못한 사랑이 가장 큰 눈물방울이지

그렇고 말고!

한 번은 건너야 할 강이고
누구나 반드시 건너는 강인데
어기여차 뱃노래 부르며 담담히 건너가야지

그렇고 말고!

나로 인해 또 누군가는 앎을 얻게 되겠지

오늘만이 손에 쥐어진 유일한 시간이라는 것을
소중한 것들은 떠나가기 마련이라는 것을
사랑은 내일로 미루지 말아야 한다는 것을

내가 죽은 다음 날

오늘은 하지,
낮이 가장 긴 날,
밤의 영토가 가장 줄어드는 날,
내가 죽은 지 나흘째 되는 날,
저런, 어제 부활했어야 했던가

나는 1963년 6월 28일에 태어나
2025년 6월 17일에 죽었다, 고 알려졌다
나는 왜 사람들에게 부고訃告를 보냈던가
그 비밀을 이 시에 옮겨 적지는 않으리

내가 죽은 다음 날,
세상은 여전히 운행을 멈추지 않았다
태양은 정해진 시간에
동쪽에서 떠올랐고
새들은 먹이를 찾느라
나뭇가지와 하늘 사이를 분주히 날아다녔고
꽃들은 여름의 열기 속에서도
향기를 가득 머금고 피어났다
아직 살아 있는 별들이
이미 죽은 별들과 함께 밤하늘을 반짝였고
사람들은 어제와 같은 일들로 웃고 울었다

나는 이 모든 풍경에 마음속 깊이 감동했느니
자연의 대범함과
생명의 미소함과
시간의 흔들림 없는 발걸음을
사후의 눈으로 직접 보았음이라

이제 짧은 문장으로 증언을 남기느니

'없다, 아무것도 없다'

불이 꺼지기 전까지

죽음은 삶의 일부,
인생이라는 연극의 마지막 대미,
부디 비극으로 끝내지 말 것
그토록 긴 세월, 오직 희극을 위해 열연했느니

이제 더 이상 막이 오르지 않는다 해도
우리는 각자의 역할에 최선을 다한 배우들이니
관객들로 하여금 기립박수를 치게 만들 것
우리의 영광을 위해서가 아니라
아직 연극이 끝나지 않은 사람들의
꿈과 희망을 위해

어떤 연기가 가장 훌륭했던가?
어떤 연기가 가장 어색했던가?
어떤 연기가 가장 눈물겨웠던가?
어느 장면을 다른 내용으로 바꾸고 싶었던가?

죽음은 삶의 머리,
높이 쳐들고 당당하게 하늘을 향해 외칠 것
비록 극본이 마음에 드는 것은 아니었으나
나는 결코 무대에서 내려오지 않았노라고
불이 꺼지기 전까지 나의 배역을 힘껏 완수했노라고

무너지는 것들이 있다

무너지는 것들이 있다

돌탑도 아니고
모래성도 아니고
폐가도 아니고
성곽도 아닌데
일순간에 무너져버리는 것들이 있다

시간에 진 담벼락처럼
압력을 못 이기고 터져버린 둑처럼
지진이 고함을 치며 지나간 고층건물처럼
가느다란 기둥이 안간힘을 쓰며 버티던 탄광처럼
한순간에 맥없이 무너져버리는 것들이 있다

꿈이여, 네가 그렇지 않은가
자유여, 네가 그렇지 않은가
사랑이여, 네가 그렇지 않은가

생이여, 네가 일생을 무너지고 또 무너져
마침내 죽음을 일으켜 세우지 않는가

시간은 미친 듯 나를 쫓아온다

어디로 가는가, 이 어두운 길은,
머나먼 별, 하나뿐인 달, 잊혀진 고백만이
내 발자국을 따라 흩어진다
하늘은 제자리를 맴돌며 울고
바람은 끊임없이 먼곳을 향해 달려간다

그녀의 눈빛,
금속의 불안처럼 흔들리던
그곳에서 우리는 처음 만났고
그곳에서 우리는 영원히 떠날 것이다
오직 사라지는 것만이
순결할 뿐이니

태어나기 이전부터 갈망했던 꿈들은
이미 오래 전 자취를 감췄고
지금 내게 남은 것은
텅 빈 밤, 차갑고 싸늘한 공기,
다시는 울리지 않을 신의 종소리뿐

허상虛像 속에 춤추던
삶의 불꽃은
붉은 장미처럼 시들어 떨어지고

파도에 휩쓸린 모래성처럼
세상은 초라히 무너져 내리는데
시간은 미친 듯 나를 쫓아온다

IV

花浮山
화부산에 꽃 떠오르거든

푸른 것을 더 푸르게 하자

푸른 것을 더 푸르게 하자
맑은 것을 더 맑게 하고
반짝이는 것을 더 반짝이게 하고
향기로운 것을 더 향기롭게 하자

높은 것은 더 높게
굵은 것은 더 굵게
강한 것은 더 강하게
무한한 것을 더 무한하게 하자

묻지 말고,
두려워하지 말고, 후회하지 말고,

뜨거운 것을 더 뜨겁게
타오르는 것을 더 타오르게
눈물겨운 것을 더 눈물겹게

설사 이것이 또 하나의 오류일지라도

붉은 것을 더 붉게 하자
흔들리는 것을 더 흔들리게 하고
넘어지는 것을 더 넘어지게 하고
달려가는 것을 더욱 더 맹렬히 질주하게 하자

창 _1

창을 아름답게 만드는 건 풍경이지만
창을 존재하게 만드는 건 벽이라고

반드시 바깥만을 보여주는 건 아니라고
때로는 안을 들여다볼 수도 있다고

창을 맑게 닦아주는 건
햇살이 아니라 빗물이라고

반복되는 풍경은 있어도
고정시킬 수 있는 풍경은 없다고

창가에 기대어 세상을 바라보는 사람이 있고
창가에 걸터앉아 세상을 바라보는 사람이 있다고

모든 창이 열리는 건 아니라고
어떤 창은 영원히 닫혀 있다고

창의 크기가 세상의 크기를 결정한다고
열린 창이 때로는 문이 된다고

창 _2

희망이란 창을 내는 일
슬픔과 고통이 두텁고 높게 벽을 쌓아올릴 때
그 벽을 뚫어 작은 창 하나 만들고
푸른 하늘과 반짝이는 별을 바라보는 일

행복이란 창을 여는 일
파랑새 한 마리가 안으로 날아들 수 있도록
걸어잠근 창문을 활짝 열어젖히는 일

사랑이란 창을 꿈꾸는 일
누군가의 창이 되기를 바라고
누군가가 창이 되어주기를 바라는 일

죽음이란 창이 닫히는 일
영원히 다시는 열리지 않는 일

삶이란.............   ....창밖의 풍경 같은 일

그대도 알고 있겠지?
인간에게는 누구나 두 개의 창이 있다는 것을
언제나 서로 다른 풍경을 비추는

지우개

끝까지 연필로 살지 않아도 돼
지우개처럼 사는 것도 하나의 길이란다

반드시 무언가를 남길 필요는 없어
세상은 이미 글자로 넘쳐나는 걸

무엇이 더 세상을
결함 없이 만들어 주겠니

무엇이 더 너의 삶을
흠결 없이 만들어 주겠니

한 걸음 뒤에서 천천히 움직이자
잘못 쓰여진 것들 쓱쓱 지워주면서

담벼락

몇몇 풋가슴들
저 밑에서 천둥 쳤겠지
번쩍번쩍 손에서 손으로
벼락 옮겨 다녔겠지, 분홍빛 꿈 아득했겠지

벼락부자도 많고
벼락거지도 늘어가는 세상
어디 한번 벼락사랑이나 꿈꿔볼까

비에 젖은 담벼락 같은 여자 하나 만나
하늘에서 땅끝까지
불의 창을 내리꽂아볼까
함께 와르르 무너져 내려볼까

그날이 오기까지는
벼락 치듯 살아가는 사람들
잠시 어깨와 등을 기댄 채 쉬어갈 수 있도록
길가의 담으로나 살아볼까
벼락은 버리고 그저 담으로만 살아볼까

한 세월 담담히 살아보려 애태우던 영혼이여
설마 날벼락 같은 소리는 아니겠지?

구멍 난 양말

양말을 개다 발견한
작은 구멍 하나가
마음에 자홍빛 동심원을 그린다

이 두 마리 말을 타고
인생이란 전쟁터를 지나왔는데
세상의 구석구석을 가열차게 달려왔는데
그들이 내게 일용할 양식을 실어다 주었는데

기워 신을까, 버릴까,
첫사랑과의 이별인양 고민에 잠겨 있다가

내 삶에는 몇 개나 구멍이 뚫려 있는지
낡고 닳아 이제 그만 버려야 하는 건 아닌지
결국 영혼도 한 마리 말은 아닌지
지금 어느 곳을 향해 달려가고 있는지
죽음도 영혼에 구멍 하나 생겨나는 일은 아닌지
어쩌면 그 구멍이라는 것이 또다른 세상으로 넘어가는 통로
는 아닌지

나는 고삐를 놓친 채
점점 우주의 블랙홀 속으로 빠져들었다

남항진에서

기다리는 마음이 없는 사람은
슬픈 사람이다

아침을 기다리는 마음
희망이 솟아나기를 기다리는 마음
꿈이 이뤄질 날을 기다리는 마음
먼곳으로의 떠남을 기다리는 마음을
잃어버린 사람은 모두 가슴 아픈 사람이다

괜찮다 사람아,
오직 사람을 향해 남항하라

기다리는 사람이 없는 사람이
가장 슬픈 사람이다
기다려주는 단 한 사람도 없는 사람이
이 세상 가장 눈물겨운 사람이다

주문진

주문진에서는
기쁨도 슬픔도 모두 청색靑色이다

삶이 회색빛을 띨 때
주문진 백사장에 앉아
수평선에 갇힌 바다를 바라보아라

물들다 반짝이다 울부짖다 고요히 잠드느니

주문진에서는
생도 죽음도 모두 한몸이다

바다를 사랑하는 이여, 바다가 되려는 이여,

주문진에서는
사랑도 상처도 모두 윤슬이다

안목에서 안목에게

세상의 일에 안목도 없는 내가
안목 해변에 앉아
커피를 마신다

그때 그 사람,
참 진국이었는데 몰라봤지
그때 그 일,
하늘이 준 기회였는데 알지 못했지
그때 그 사랑,
다시는 없을 사랑이었는데 깨닫지 못했지

사람의 일에 면목도 없는 내가
안목해변에 앉아
높아지거라, 넓어지거라, 깊어지거라,
동해 바다를 보며 커피를 마신다

생의 슬픔에 대해
영혼의 어둠에 대해
세상의 모든 그늘에 대해
죽음이라는 마지막 의식에 대해
부디 푸르고 깊고 넓은 안목으로 바라보길

안목에서 안목에게 당부를 건넨다

안목해변 제비집 우화

안목해변 카페 '씨엘' 테라스에는
어른 주먹보다도 작은 제비집 한 채가
천장 모서리에 매달려 있다
집주인과 통성명을 나누지는 못하였으나
분명 커피를 좋아하고
단연코 동해 바다를 사랑하는
낭만 가객임에 틀림없을 것인데
시도 좋아하는지
가끔은 시를 쓰기도 하는지
만약 그렇다는 대답을 듣게 되거든
매일같이 그를 찾아와
슬쩍슬쩍 시를 훔쳐볼 생각인데
제비가 쓰는 시라니!
지지배배, 지지배배, 지지배배,
이 세상 모든 놀부와 흥부가
눈에 불을 켜고 그 의미를 알아채려
귀를 쫑긋 세우지 않겠는가
그러니 자고로 詩란
박과 같아야 하는 것,
어떤 보물이 들어 있는지 궁금해
안달과 몸살이 나게끔 써야만 하는 법인데
제비야, 어서 박씨를 뱉으려무나

오늘 커피는 내가 살 테니
제비집보다도 작은 세상,
아직도 봄과 박을 기다리는 사람들을 위해
우리 함께 제비집의 우화를 들려주자
지지배배, 지지배배,지지배배,
주먹보다 작은 집에도
우리는 한가족이 모여 산다고
인간의 집은 무얼 위해
그리 큰 게냐고
지지하면 배배요, 배배하면 지지라고

구룡포에서 쓰는 편지

친구여,
아직도 비상을 꿈꾸는가
구룡포에서 나는 날개를 얻었다

이곳은 일출의 땅,
이른 새벽 호미곶 호랑이가
힘찬 울음으로 동해 바다를 깨우면
한반도에서 가장 먼저
시뻘건 해가 하늘로 날아오른다

이곳은 신화의 땅,
구룡포 아홉 마리 용들이
입에서 불을 내뿜으며
밤새도록 하늘을 날아다닌다

이곳은 역사의 땅,
장기읍성 성곽길을 걷다 보면
다산 정약용의 목소리가 깨우쳐 주느니
"한때의 재해를 당했다 하여
청운의 뜻을 꺾어서는 안 된다
항상 가을매가 하늘로
치솟아 오르는 기상을 품어야 한다"*

이곳은 풍류의 땅,
읍안길 옛 식당에 앉아
과메기, 대게, 고래고기를 안주로
술잔을 기울이면
미꾸라지, 이무기도, 용의 얼굴이 된다

친구여,
우리가 생의 한때라도
탁류의 개천을 벗어나 봐야 하지 않겠느냐

구룡포에서 나는 여의주를 얻었느니
사람이 하늘을 날아오르기 위해서는
반드시 세상의 역린을 건드려야만 한다는 것을
자신의 역린 또한 건드려야만 한다는 것을

친구여, 구룡포로 오라
이곳에서 나는 비로소
인간의 비늘을 벗고 자유를 얻었다

*정약용이 두 아들에게 보낸 편지의 일부

구룡포 하남성 반점

1934년 구룡포 최초로 문을 연
중국집 동화루,
열다섯 살 주방보조로 시작했다

중화요리를 만들어온 지
어언 육십 년,
하남성 반점으로 이름을 바꿨고
마흔을 갓 넘긴 아들도 힘을 모았다

구십 년 역사의 호흡이 느껴지는
노포老鋪에 앉아
짜장면, 짬뽕, 탕수육의 신박한 맛에
깜짝 놀라 감탄사를 연발하며
고량주 한 잔을 반주로 곁들이면
서기 712년, 하남성에서 태어난
두보의 목소리가
호미곶 호랑이의 포효처럼 귓가에 들려온다

"시로 사람을 놀라게 하지 못하거든 죽어서도 쉬지 않으리라
語不驚人死不休"

하남성 반점 주방 저 안쪽,

분주히 오가는 손끝을 통해
장인의 혼을 음식에 불어넣고 있을
조태래 사장의 형형한 눈빛에도
시 한 수가 별처럼 반짝이려니

"음식으로 사람을 놀라게 하지 못하거든 죽어서도 쉬지 않으
리라"

아쉬워라, 어찌 이런 별미를 혼자서만 입에 넣으랴
이제 곧 하남성 반점을 다시 찾는 날엔
반드시 이태백을 동행하리라

모리국수

구룡포에 왔는데
회나 과메기만 먹고 가는 사람은
뭘 모리는 사람이다
구룡포에 오거든
반드시 한 끼는 모리국수를 먹어야 한다

구룡포에 왔는데
세 끼쯤 굶고 오지 않은 사람은
몰라도 한참 모리는 사람이다
구룡포에서는 어느 식당에 들어서든
큼직한 양은냄비 한가득
얼큰하고 칼칼하고 시원하고 걸쭉한
모리국수가
만조의 바다처럼 넘칠 듯 푸짐하게 담겨 나온다

국수를 좋아하는 사람들아
구룡포로 모디봐라

모리국수는
국수 중의 국수, 국수의 왕,
구룡포 아홉 마리 용들이
생일마다 함께 모여 만찬으로 먹는 음식!

구룡포에 왔다 돌아갔는데
또다시 모리국수가 먹고 싶어
밤잠을 못 이루고
살이 쭉쭉 빠져도
그건 구룡포는 모리는 일이다

모리국수 맛에 영혼까지 반해
이곳에 그냥 눌러앉아 살아볼까
불쑥 짐 싸서 다시 돌아와도
구룡포는 그저 어깨 한 번 으쓱할 뿐
결코 모리는 일이다

그대는 인생 국수를 먹어보았는가
얼른 구룡포로 모디봐라

*모리다 – '모르다'의 방언
*모디다 – '모이다'의 방언
*모리국수 이름이 모리다 또는 모디다에서 유래된 것으로 보는 견해가 있다.

화부산花浮山에 꽃 떠오르거든

누가 나의 이름을 모르랴
15세에 화랑이 되었고
고구려, 백제, 당나라와 수많은 전쟁을 치렀고
서기 668년,
마침내 삼국통일의 대업을 달성했다
살아서는 유신庾信,
죽어서는 흥무대왕興武大王으로 추존되었으니
무武를 일으킨興 자를 뜻함이라

그러나 누가 나의 꿈을 알랴
성 하나를 더 빼앗는 것도
전쟁에서 또 한 번의 승리를 거두는 것도
역사에 길이 이름을 남기는 것도 아니었다
내 나라에서 내 백성이 평화롭게 살아가는 것,
그것만이 내가 일생토록 이루고자 애쓴 꿈이었다

문무왕 4년, 서기 664년,
말갈족이 명주溟州를 침략했을 때도 그러하였다
내 나이 70세,
비록 늙은 장수의 몸이었으나
승전의 소식을 안고 돌아오자마자
다시 전쟁터로 떠나야만 했던

그 옛날,
집안에 발을 들여놓지도 않고
가족의 얼굴을 보지도 않고
오직 마당의 우물에서 떠오게 한
물 한 모금만 맛본 채
전장戰場으로 향했던
그 마음으로 나는 싸웠다
그리곤 마침내 말갈족을 멀리 물리쳤다

강릉의 사람들아,
화부산花浮山에 꽃 떠오르거든
나의 꿈을 기억해다오
민족 내에 분열이 없는 통일된 나라,
외세의 침략을 능히 막아내는 나라,
착한 백성들이 평화를 누리며 살아가는 나라,
그런 아름답고 강한 나라를 만들어다오

대한민국의 사람들아,
화부산花浮山에 붉은 단풍 물들거든
나의 단심丹心을 기억해다오
대관령 산신山神의 이름으로
삼천리 백의민족을 영원히 지켜주리니

천대千代 만대萬代
이 땅에 강하고 아름다운 나라를 만들어다오

월화거리

월화거리에서는 종종 시간이 멈춘다
강릉녹두빈대떡집은
일천구백칠십 년 중반부터
더 이상 나이를 먹지 않아
이마에 주름 한 점 없고
감자 옹심이집은
열 살 남짓 더 들어보이지만
아직도 팽팽한 피부를 자랑한다
동국이네 식당은 팥죽 끓어오르듯
여전히 젊은 혈기가 넘쳐나고
고단중앙식당은 삶의 고단함도 잊은 채
새벽부터 늦은 밤까지
꿈을 위해 굵은 비지땀을 흘린다
이곳을 드나드는 손님 또한 마찬가지인데
예나 지금이나 오륙십 대의 그 얼굴들이다

행여라도 세월을 붙잡고 싶거든
강릉으로 오라
월화거리에는 월화만 있고
수목금토일요일이 없어
시간이 제자리에 멈춘 채 흐르질 않는데
이곳에 앉아 막걸리를 마시면

종종 시간이 거꾸로도 흘러

월화교를 거닐며 정담을 나누는

신라 진평왕 시대의

무월랑無月郎과 연화부인蓮花夫人을 만날 수 있느니

행여라도 붙잡고 싶은 사람 있거든

강릉으로 오라

월화거리에서는 종종 사랑이 시간을 뛰어넘는다

월화거리에서는 언제나 심장이 시간을 뛰어넘는다

*월화(月花)거리 : 무월랑(無月郎)과 연화부인(蓮花夫人)의 이름에서 한 글
자씩을 따왔다.

배추전

강릉 중앙시장에서는
배춧잎 한 장도 제법 힘을 쓴다
막걸리 한 통에
배추전 세 장이 따라 나오는데
세 곱빼기가 훨씬 넘는 이득이니
아직도 세상은 얼마나 푸짐한 것이냐

가까운 곳에 월화정이 있는데
황금 잉어가 비단편지를 전해줘
애틋한 사랑이 이뤄졌다는
무월랑과 연화부인의 이름에서
한 글자씩을 따왔다

나는 젓가락에 막걸리를 찍어
오래 접어둔 마음을
탁자 위에 또박또박 적어보았다

연화야, 보고 싶다

기껏 일곱 글자를 썼을 뿐인데
순식간에 술이 확 오르니
아직도 나의 사랑은 얼마나 허술한 것이냐

강릉 중앙시장 식당에 앉아
시큼한 막걸리를 마시며
나는 배추전을 남김없이 꼭꼭 씹어먹었다
적어도 서너 곱빼기쯤은
더 사랑해야 하지 않겠느냐고
이별도 배춧잎처럼 푸른빛이 나야 하는 법이라고

사랑이여, 영원히 싱싱하라고

감자옹심이

영심아, 니 고향이 어디랬지
감자옹심이 먹어봤나

옹심이는 새알심의 사투리인데
그 옛날 너를 처음 만났을 때
내 가슴이 새알보다
더 쪼맨한 콩알 아니었나

이제사 한 개도 쓸데없는 얘기다마는
아직도 그때 일만 생각하면
가슴이 벌렁벌렁해지는데…

영심아, 우리 강원도에 갈까
옹심이 한 그릇만 싹싹 비우면
가슴에 돌뎅이처럼 쌓여 있던 아픔들이
죄다 몰랑몰랑, 몽글몽글해진다는데…

영심아, 내는 세상에서
감자옹심이가 젤로 좋다

오죽하면

강릉 오죽헌 인근에 위치한
모 식당의 메뉴에 적혀 있는
비빔국수, 냉국수의 이름이다

살다 보면 늘상
입에 달고 다니는 말이라
한 번도 안 먹어본 사람은 없을 것인데

오죽하면 화를 내고
오죽하면 술을 마시고
오죽하면 거짓말을 하고
오죽하면 약속을 어기고
오죽하면 빵과 우유를 훔쳤겠느냐는 것

저 오죽하면 한 그릇을 비우고 나면
뱃속에 배짱이 가득 들어차
세상에 주눅 드는 날이나
사람들이 탓을 하고 흉을 보는 날에도
오히려 큰소리를 탕탕 칠 수 있을 것만 같은데

이봐,
오죽하면 내가 시인이 됐겠어

오죽하면 오죽헌 대나무가 검은 색이겠느냐고
당최 이놈의 세상이 오죽해야 말이지

오죽하면 이런 시를 쓰고 있겠는가마는
오죽해도 푸르게 살자
오죽헌 오죽도 잎은 푸른빛이다

*식당 이름 : 오죽관

강릉 여자

내 첫사랑은 강릉 여자였지
내 마지막 사랑도 강릉 여자였네
두 사람은? 한 여자 그리고 여러 여자였네

대관령 같은 여자
정동진 같은 여자
감자전 같은 여자
순두부 같은 여자
오죽헌 같은 여자
경포호수 같은 여자

한번 불붙으면 죽는 날까지
꺼지지 않는 정열의 사랑은
강릉의 풍토병, 뿌리까지 남김없이
모두 태워버리기에
일생을 불길 속에서 살아야 한다

높새바람 같은 여자
안목 해변 같은 여자
불 꺼진 등대 같은 여자
불 켜진 항구 같은 여자

나는 한 여자만을 사랑했네
마지막 사랑인 줄 알았는데
내 생에 첫사랑이었고
첫사랑이었는데
내 생에 마지막 사랑이 된 여자

강릉에서 태어난 여자
강릉이 키운 여자
강릉을 닮은 여자

강릉 여자

강릉

나는 이 도시를 사랑하기로 했네

아침에는 왕 같고
저녁에는 어머니 같은 도시
왼편에는 산이 솟아 있고
오른편에는 바다가 펼쳐져 있는 도시
어제의 태양이 오늘을 따뜻하게 비추고
오늘의 태양이 어제를 찬란하게 만드는 도시

나는 이 도시를 사랑하기로 했네

허균과 율곡이
술잔을 주고받으며
이상국가의 꿈을 열변하는 도시
신사임당과 허난설헌이
민소매를 입고
깔깔 웃으며 거리를 걸어 다니는 도시
바다로 떠났던 어린 연어들이
남대천으로 다시 돌아오는 도시

나는 이 도시를 사랑하기로 했네

감자를 갈아
전을 부쳐 먹는 도시
기쁨과 슬픔이 순두부처럼
둥둥 떠다니는 도시
저마다 가슴에 등대 하나씩
불 켜져 있는 도시
이른 새벽이면
먼바다에서 詩가 밀려오는 도시

나는 이 도시를 사랑하기로 했네

영혼에도 솔향이 배인 사람들이
오죽烏竹 푸른 잎새처럼 살아가려
하루에도 몇 번씩 주먹을 꼭 쥐는 도시